AF257810

LETTRE

A Mr. DUMOURIER,

Maréchal des Camps et Armées

DU ROI DE FRANCE,

EN

RÉPONSE AU MÉMOIRE

DU GÉNÉRAL DUMOURIER.

1794.

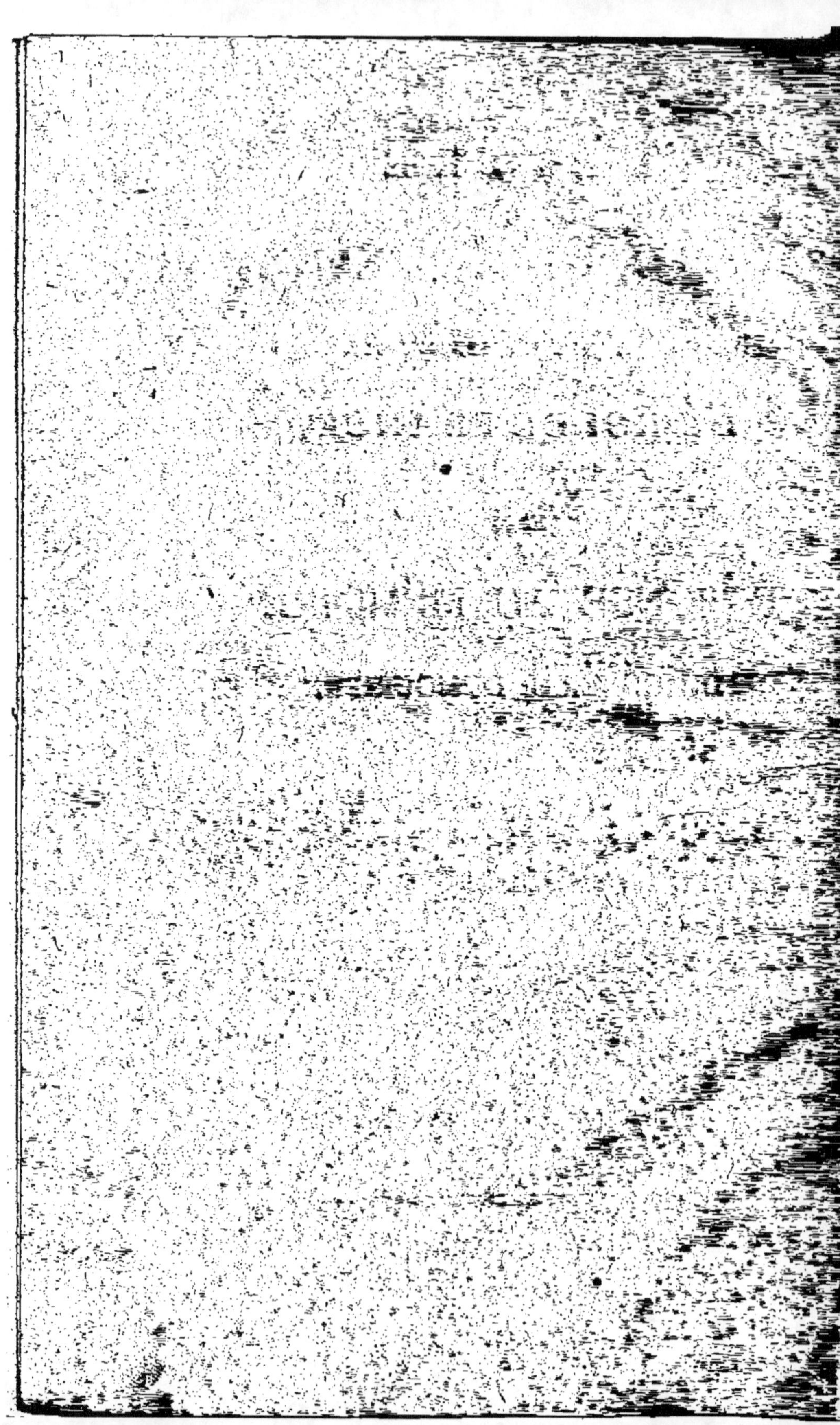

MONSIEUR,

Vous étes deja jugé dans toute l'Europe par les amis de l'ordre, les fidèles Chrétiens, les bons Catholiques ; par tous les ennemis des Révolutions, c'est à dire par les vrais Philofophes, qui dans tous les pays quelconques déteftent les déftructeurs des bafes de tous les Gouvernemens quelconques, et ne défirent que les corrections des abus de chaque Adminiftration ; par les émigrés enfin de toutes les claffes, foit Nobles, foit Rôturiers, qui aiment de tout leur coeur le Peuple, de toute leur ame la Religion, et de toutes leurs forces les Loix, à l'ombre desquelles leurs Ancêtres communs ont vecû glorieufement, tranquillement, utilement et vraiment librement depuis 1400 ans.

Tous ces jugemens étoient bien loin de vous être favorables, et vous avés la maladreffe, avec toute votre politique, de les confirmer vous même par votre Mémoire,

Au lieu d'avoir appellé à tous ces juges naturels, comme un brave Macédonien appella de Philippe à Philippe mieux confulté; au lieu d'avoir fait un Mémoire juftificatif, et d'avoir effayé de vous jetter aux pieds des Princes vraiment françois, vraiment amis du Roi et de la Royauté, qui, *peut être*, en vous voyant abjurer vos erreurs, vous auroient reçu dans leurs bras, en faveur de la haine, *quoique tardive*, que vous avés montrée à vos anciens confrères les Jacobins, et de la douleur que vous difiés avoir du maffacre du Roi; au lieu de profiter enfin de vos talens, des circonftances et de votre fuite de France, vous vous condamnés vous même, par le Mémoire que votre orgueil, votre entêtement, votre amour enraciné et incorrigible de la Révolution vous ont dicté, de façon, que même, fans être François, tout Cosmopolite honnête et inftruit eft dans le cas de vous dire avec raifon, aprés avoir lû votre Mémoire : Ex ore tuo te judica. — — vade retro. — — Oui fans doute, c'eft vous même, qui avés prononcé votre jugement; il fuffit de parcourir rapidement quelques phrafes de votre Mémoire.

D'abord le titre préfente à lui feul l'idée d'un factieux, d'un novateur. Quelle eft cette affectation de vouloir éviter l'ufage françois ? On ne voit imprimé dans aucune Bibliothéque : Mémoires du *Général* Turenne &c. &c. &c. Je fais bien, qu'à tous égards vous étes bien loin de lui reffembler, fur tout pour la Loyauté, le moral en général, et en particulier l'attachement à la Royauté ; Vous avés donc rougi de prendre le titre de Maréchal des Camps et Armées du Roi, dont le fceptre françois, que vous n'avés jamais ceffé de vouloir détruire depuis 1789, vous avoit honoré avant la Révolution ; vous avés donc préféré le titre Républicain, que les factieux donnent à ceux qu'ils employent dans leurs troupes, tantôt fouvéraines et tantôt guillotinées.

Ce titre de votre ouvrage doit donc avertir le Lecteur d'avance de votre amour enraciné pour les novations, chofes fi dangereuses dans un état quelconque, même fur les plus petits objets.

Ouvrons enfuite votre Préface — vous dites, page 3. en parlant de vous, avec refpect, par la troifième perfonne : „ *Il ren-* „ *contre partout des émigrés, auffi déraifon-* „ *nables dans leurs défirs, et tout auffi achar-* „ *nés contre lui, que les féroces Jacobins.* "

A cet égard, il eft affés naturel que ceux, contre qui vous avés été *acharné* depuis 1789. jusqu'à votre banniffement volontaire où néceffité, et que vous auriés voulu prendre tous d'un feul coup de filet, pour les faire guillotiner, foient acharnés contre vous. Mais ce qui n'eft pas jufte ni vrai, c'eft que vous vous vantiés de les avoir rencontré; car je crois, que fi au lieu de les avoir prudemment évités, comme vous avés fait, vous les euffiés rencontré, vous n'auriés pas eu le tems de faire le fuperbe Mémoire du *Général Dumourier.*

Quant à la qualité de *déraifonnables dans leurs défirs,* que vous donnés aux émigrés;

voyons donc fi elle eft jufte. Ils défirent tous de rétablir la Monarchie telle qu'elle étoit depuis 1400 ans, ils refpectent et aiment le régime antique, ils en conviennent; mais avec la correction des abus, notamment dans la recette et dans la dépenfe, ainfi que dans la diftribution des graces, et des lettres de cachet. D'un autre coté, ils tiennent beaucoup à la confervation des trois ordres, qui ont toujours compofé la Monarchie depuis Philippe le bel — *le Clergé, la Nobleffe, et le tiers Etat*; car, quoique fous la 1re et feconde race, le tiers Etat ne fut point admis dans aucune affemblée de la Nation, les émigrés aiment trop le peuple, pour ne pas vouloir fraternifer avec lui; ils le régardent au contraire, comme formant un 3me ordre, égal à *chacun* des deux autres vraiment antiques. Ils veulent enfin un Roi très chrétien, comme les 66, qui les ont gouvernés depuis Clovis; ils veulent une Religion vraiment catholique, et dominante, parceque leurs ancêtres, depuis le même Clovis, s'en font bien trouvés — Et vous? vous voulés précifément le contraire de tout ce qu'ils défirent; car la conftitution de 1789. que vous avés tant juré de maintenir, comme les autres factieux, même avant qu'elle n'exiftat, celle de 1792. pour la quelle vous avés porté et voudriés encore porter les armes, veulent l'oppofé de ce que les émigrés défirent. — De quel coté eft la raifon? & vous ofés ajouter, page 17. „ *Il eft un jufte* „ *milieu, que la partie faine* *) *de la Nation fran-*

---

*) Soyés bien convaincu, que la faine partie de la Nation, que vous n'avés jamais confultée, et qui auroit rougi de conférer avec un factieux tel que vous, voudroit tout le contraire de ce que vous defirés, et de ce que votre chére conftitution a ordonné, fi elle étoit confultée et qu'elle put émettre fon voeu librement— A cet égard lifés les cahiers anciens de tous les baillages — voila peutêtre la feule époque depuis le commencement de 1789. où la Nation ait annoncé fa volonté, et vous remarquerés que la conftitution de 1791. eft diamétralement oppofée dans toutes les points poffibles au voeu général de la Nation, à ce voeu unanime, et par con-

„ çaise défire, qui peut feule faire fon bonheur,
„ et qui affûreroit la tranquillité de l'Europe,
„ c'eft que la France devienne conftitutionelle. "
Croyés vous, pouvés vous croire de bonne
foi, que, fi la France étoit conftitutionelle,
vos confrères, les propagandiftes ne trouble-
roient pas toute l'Europe pour lui donner
une égale conftitution, et bouleverfer par là,

---

fequent fi refpectable, que vous et vos
confrères, les révolutionnaires conftitutionels de 1789. 1790. et 1791. avés
ofé méprifer, et enfuite détruire. Au
furplus, n'avés vous pas vous même
en 1792. et au commencement de 1793.
cherché de tout votre pouvoir à détruire
cette conftitution, que vous prônés tant
en 1794? Votre déclaration de guerre
à l'Empéreur, votre haine (à cette époque) contre la Fayette, que vous avés
fupplanté alors, et qui vouloit, lui, la
maintenir, enfin votre amour pour Brif-
fot, et fon partie, qui traitoit cette conftitution d'extravagante, tout vous don-
ne un démenti. Soyés donc dorénavant
plus confequent, fi vous ne voulés pas
être plus circonfpect.

toutes les bases de tous les gouvernemens quelconques ? —— Que chaque Cosmopolite honnête juge entre vous et moi, j'y consens. D'ailleurs, sans trop anticiper, j'ouvre la page 13. de votre premier volume, j'y vois que votre irréligion, dont nous ne doutions pas, vous a fait comparer la propagande jacobine avec la propagande catholique, instituée pour propager la foi chrétienne et catholique. Vous dites, ce sont vos propres termes, *„ la propagande „ Jacobine n'est pas plus juste que celle de „ l'eglise romaine. "*

Otons l'objet de comparaison, et je conviendrai avec vous, que la propagande jacobine est très injuste ; j'ajouterai même, qu'elle s'est permis, se permet tous les jours, et se permettra toûjours, tant qu'elle ne sera pas détruite dans sa racine, de propager le meurtre, le pillage, les régicide, l'athéisme, la licence effrenée, enfin le desordre général, et que très certainemeut, tant que la Monarchie ne sera pas rétablie dans tous ses principes divins, la Noblesse dans tout son éclat, la Magistrature dans toute son autorité, cette même propagande, (par intérêt et par politique) ne laisseroit pas en paix tous les sujets de toutes les puissances voisines, quand même les puissances coalisées auroient la foiblesse de faire la paix avec vos confrères, les révolutionnaires français. Ainsi donc il est faux de dire: que *„ si la France „ étoit constitutionelle, la tranquillité de l'Eu „ rope seroit rétablie. "*

Vous osés enfin ajouter même page 17, de votre préface, *„ que de la constitution dé „ pend la sûreté du Monarque, qui remonteroit „ sur le trône renversé, que c'est là le gage „ de la paix universelle. "* —— Qui donc a renversé les 1res marches du trône, si ce n'est la Constitution? ce monstre enfanté par la Révolution, laquelle a produit les Jacobins, lesquels ont produits la République, laquelle a consommé contre Dieu, l'humanité, l'ordre politique et social, tous les crimes, dont la Révolution et la Constitution, comme de nouvelles boëtes de Pandore, avoient jetté tous les germes sur la surface de la France.

Achevons votre préface. Vous vous mêlés aussi, comme tous les factieux vos frères, de faire une adresse aux François, vous leur dites, page 30. „ *François reprenés tous de* „ *bonne foi le Code de la vraie Philosophie; vo-* „ *tre Monarque sera adoré et puissant, votre No-* „ *blesse redeviendra digne de ses ancêtres, vo-* „ *tre Clergé sera de bon exemple, utile et respecté,* „ *et vous serés la Nation la plus heureuse de* „ *l'Europe.* " — Osés donc répondre à tous ceux, qui ont droit de vous interroger, d'après celui, que vous vous arrogés, de vouloir les instruire.

Depuis 1789. jusqu'au 1er. Septbre 1792. jour de la destruction de votre constitution, par une plus abominable encore, *le Roi étoit il puissant et adoré? la Noblesse constitutionelle restée en France étoit elle digne de ses ancê- tres? enfin le Clergé constitutionel a-t-il été de bon exemple, utile, et respecté? la Nation a-t-elle été la plus heureuse de l'Europe?* — En verité, je vous le dis sans humeur, quand vous ne faites pas horreur comme Jacobin, vous faites pitié comme constitutionel.

Vous dites page 28. „ *qu'un état politique* „ *peut exister avec un Roi, mais sans Cour ni* „ *grands Seigneurs* ". En adoptant que cela soit possible, vous ne pouvés pas au moins dire: *ab actu ad posse valet consecutio*; car depuis Salomon, et même au delà, jusqu'à nos jours l'histoire générale de l'Univers ne peut pas citer un Roi, quelque petit qu'il ait été, sans Cour et sans grands Seigneurs. Au surplus, si les murs de toutes les antichambres, où vous avés fait si souvent votre Cour aux Ministres et aux grands Seigneurs, pouvoient parler, ils déposeroient, que vous n'avés pas toûjours pensé ainsi — Vous n'en voulés donc aux grands Seigneurs, que parceque vous ne pouvés plus rien attendre d'eux; n'en voulés vous donc ainsi aux émigrés, que parceque vous êtes sûr d'être à jamais rejetté par eux?

Vous finissés votre préface en disant page 31. toujours en parlant de vous, à la troisième personne: „ *On a osé le peindre comme* „ *un homme dangereux, parce qu'il a soutenu* „ *que le pouvoir souverain réside dans les peu-*

» *ples, ainsi que la faculté de faire les Loix, prin-*
» *cipe tiré de la Bible et reconnu de tous les Phi-*
» *losophes anciens et modernes.* « — Ofés donc
vous même citer un feul paffage de la Bible,
une feule affertation d'aucun Philofophe, qui
appuye votre fistème! S'il étoit quéftion de
faire une differtation à cet égard, je vous prou-
verois moi, que le contraire de votre propofi-
tion eft textuellement dit, foit dans la Bible,
foit dans tous les ouvrages des anciens Philofophes ; mais il me fuffira dans ce moment-ci
de vous renvoyer à la lecture de J. J. Rouffeau.
Cet auteur, qui ne doit pas être fufpect à
vous, ni à vos pareils, puisque vous l'avés
déifié, fans le comprendre, feroit le plus
grand détracteur de votre conftitution, s'il
venoit au monde. En effet fans vouloir citer
une multitude de paffages de fon Contract
focial, qui *tous* condamnent les révolutionnaires conftitutionels, et qui fe trouvent
raprochés les uns des autres, dans un livre
intitulé : Révolution de France prophétifé;
je me contenterai de vous mettre fous les
yeux ce que ce Philofophe politique dit dans
quelques endroits de fon Contract focial. Il

semble qu'il ait deviné d'avance, que des factieux, comme vous, viendroient faire une révolution en France, lorsqu'il dit: „ *Il n'y* „ *a que des uſurpateurs et des tirans, qui choi-* „ *ſiſſent un moment de trouble, pour faire paſ-* „ *ſer leurs loix à la faveur de l'effroi public.* — Si vous ne connoiſſés pas là le portrait de vos chers conſtitutionels de la 1re. aſſemblée, j'ai tort. — J. J. Rouſſeau ajoute dans un autre endroit: „ *L'expérience nous apprend,* „ *que le peuple dupé par le 1er. factieux, qui* „ *entreprend de le tromper, en flattant ſes paſ-* „ *ſions, a beſoin d'une autorité qui le fixe* " — et il ajoute encore: „ *le régime démocratique* „ *eſt le pire de tous, du moins pour une grande* „ *nation corrompue par le luxe; les élections* „ *populaires, les fréquentes aſſemblées ne ſer-* „ *vent alors qu'à développer, qu'à mettre en* „ *activité toute la dépravation des hommes; ce* „ *ſont autant de foyers de ſédition et de dis-* „ *corde. Il n'y a que des novices en politique* „ *(comme vous), qui tendent à une perfection* „ *chimérique.* " —

Certainement, ſi je conviens avec vous, que la grande Nation françoiſe étoit corrompue par le luxe du tems de l'ancien régime, il faudra que vous conveniés avec la même bonne foi que moi: que les quarante quatre mille Municipalités, les 83 Départemens, la multiplicité innombrable de Diftricts, de feffions, de clubs, enfin toutes les affemblées et élections populaires, que votre chére révolution a enfantés, et que votre fuperbe conftitution a confacré, comme formant un nouveau code de droit public, ,,*n'ont fervi, et ne ferviroient encore,* " fi on fuivoit votre avis, ,,*qu'à mettre en activité* ,,*toute la dépravation des hommes, car ce font* ,,*autant de foyers de fédition et de difcorde.* "—

Le même J. J. Rouffeau enfin a écrit, au fujet de la polyfinodie, ouvrage fiftematique du bon abbé de St. Pierre — ,,*qu'on juge du* ,,*danger d'émouvoir une fois les maffes énor-* ,,*mes, qui compofent la monarchie françoife;* ,,*qui pourra contenir l'ébranlement donné, ou* ,,*prévoir tous les maux, qu'il peut produire?* ,,*quand tous les avantages du nouveau plan* ,,*feroient inconteftables, quel homme de fens* ,,*oferoit entreprendre d'abolir les vieilles cou-* ,,*tumes, les vieilles maximes, et de donner à*

l'état

l'état une autre forme que celle où l'a successi-
vement ammené une durée de 1300 ans ? —

Ce paſſage eſt-il aſſés clair, vous con-
damue-t-il aſſés formellement, Mr. le Général conſtitutionel! vous et tous les factieux
vos pareils! — Rouſſeau diroit donc de
vous et de vos confrères : que vous *n'êtes*
pas des hommes de ſens. —

Au ſurplus, le bon Rouſſeau ne parloit
que du danger *d'émouvoir* les maſſes de la
Monarchie françoiſe, et ces maſſes ſont
renverſées par cette conſtitution; il ne parle
que *d'un ébranlement donné à l'état*, et nous
nous debattons depuis 4. ans ſous ſes ruines.
Rouſſeau d'un autre côté, en parlant des loix,
dit: „*C'eſt la grande antiquité des loix, qui le*s
„*rend ſaintes et vénérables; le peuple mépriſe*
„*bientôt celles qu'il doit changer tous les jours,*
„*et en s'accoutûmant à négliger les anciens*
„*uſages, ſous prétexte de faire mieux, on in-*
„*troduit ſouvent de grands maux, pour en cor-*
„*riger de moindres.*" — Auſſi le peuple fran_
„çois de 1794. a mépriſé et a traité d'extra_

vagance (d'après un décret formel de la Convention) la constitution de 1791. qu'il avoit, ainsi que vous, trouvée superbe, d'après des décrets et des addresses de l'Assemblée constituante.

Voulés vous savoir enfin, que J. J. Rousseau, cet éloquent panégyriste de l'égalité des conditions, cet enthousiaste (mais seulement en *théorie*, remarqués bien ce mot) de la liberté, a dit: „*La liberté est un aliment de bon suc, mais de forte digestion; il faut des éstomacs bien sains pour la supporter. Je vis de ces peuples avilis, qui se laissent ameuter par des ligueurs, osant parler de la liberté, sans même en avoir l'idée, et qui, le coeur plein de tous les vices des esclaves, s'imaginent que pour être libres, il suffit d'être mutins. — Fière et sainte liberté! si ces pauvres gens pouvoient te connoître, s'ils savoient à quel prix on t'acquière, et l'on te conserve, s'ils sentoient combien tes loix sont plus austères que le joug des tirans, leurs foibles ames te craindroient plus cent fois que la servitude, ils te fuyeroient avec effroi comme un fardeau prêt à les écraser.*"

D'après ce leger, mais fidèle raprochement de quelques unes des maximes de ce Rousseau, que vous et les constitutionels ont déifié, jugés „*comme du haut de son Panthéon, où vous l'adorés tous les jours, il juge et condamne tous les constitutionels.*"

Ouvrons à présent votre 1r. volume. En disant du mal de la convention, et du bien de vos plans de campagne, vous dites page 6. „*que les décrets de la Convention par leur ti-* „*rannie éloignoient la possibilité de réunir à la* „*république françoise les belles provinces de la* „*Belgique* " — Ainsi donc vous ne regrettés que la forme, la tirannie des décrets de la Convention, et vous êtes faché, que les belles provinces de la Belgique ne soient pas réunies à la république françoise? — Votre battérie est demasquée, Général, par cette seule phrase, d'autant plus que vous convenés page 27. que „*c'est vous même qui avés fait* „*déclarer, comme Ministre des affaires étrangè-* „*res, une guerre contre l'Empéreur, laquelle* „*vous avés ensuite conduite glorieusement com-* „*me général* " — Et vous osés dire dans un autre endroit : que l'Empéreur vous a les plus grandes obligations, fous le prétexte que votre politique, qui vous infpiroit dès lors le befoin de vous ménager un jour fa protection, vous a dicté d'effayer d'empêcher quelques pillages dans le Belgique — Et vous ofés reclamer aujourdhui la puiffante protection de l'Empéreur, vous, qui page 225. de votre fecond volume vous vantés „d'avoir été franchement l'ennemi des puiffances, foit comme Miniftre, foit comme Général? —" Mais avant d'ouvrir ce fecond volume, que vois-je, grand Dieu! comment après avoir eu l'impudence d'écrire de fang froid la page 49. de votre prémier volume, vous étes étonné de ne trouver hofpitalité nulle part? quel eft au contraire le gouffre, où tout bon François ne devroit pas aller vous chercher pour vous exterminer, et dont tout Cosmopolite, honnête homme, ne devroit pas (en attendant) vous chaffer. — *cum gladio et fuftibus!* — Vous ofés dire dans cette page 49. „que la Famille royale vous doit „une éternelle réconnoiffance; que vous voudriés „élever une colonne, comme aux vainqueurs

„de Marathon, à 310. membres de la Convention. —— Vous auriés donc été de leur avis
toûjours, lors du procès du Roi. Mais vous
oubliés donc 1°. que vous même avés dit
aux fieurs Prouilly et du Buiſſon, Commiſſai-
res de la Convention au mois d'Avril 1793.
„qu'il faut faire une inſurrection dernière pour
„opérer la diſperſion totale dès 745. régicides
„de la convention.“ Ainſi donc, vous vouliés
alors, dans vos premiers accès de fureurs
politiques, et ayant alors le projet de paſſer
à l'armée du Prince de Cobourg, vous vouliés, dis-je, diſperſer alors, et détruire les
310. membres de la Convention, à qui une
nouvelle politique plus rafinée, et envieuſe
d'avoir de nouveaux partiſans aujourd'hui,
vous dicte de vouloir élever une Colonne
comme aux vainqueurs de Marathon ——
Vous oubliés enſuite, que dans le fait exact,
les 310. membres de la Convention ont vôté
unanimement, avec les autres ſcélérats leurs
confrères, pour „détrôner le Roi le 21. Septbre.
„1792. déclarer enſuite la Roiauté abolie en
„France, et décreter, que la France étoit une
„République —— “ Vous oubliés enſuite, que ces

mêmes 310 membres ont unanimement et
fans reclamation, „*ofé mettre en jugement*
„*leur Roi et s'ériger eux mêmes fes juges*" —
Vous oubliés, qu'ils ont auffi unanimement
et fans aucune reclamation déclaré „*leur Roi*
„*coupable de haute trahifon*" — Hélas! c'eft ce
prémier jugement qui a dreffé l'echafaud,
fur lequel devoit périr infailliblement celui
de tous les Princes, qui méritoit le moins
d'être regardé comme un tiran. — Vous
oubliés donc, qu'il n'y a d'autre différence entre
vos trois cents dix protégés et les autres fcé-
lérats, que vous appellés vos ennemis, fi non
que les derniers ont été plus conféquens,
lorsqu'ils ont envoyé le Roi à l'échafaud
fur le champ; car d'après „*l'avis de premiers*
et le jugement unanime de la Convention"
qui declaroit le Roi coupable de haute trahifon, le fécond jugement étoit indifpenfable.
Vous oubliés enfin, que ceux dont vous faites l'éloge, à qui vous voudriés élever une
colonne, comme aux vainqueurs de Marathon, à qui vous dites que la Famille royale
doit une éternelle reconnaiffance (quel blas-
phême!) ont été d'avis, les uns d'un banniffe-

ment perpétuel, les autres d'une détention étroite en prison jusqu'à la paix, quelques uns de la peine des fers, et quelques uns, e n assés grand nombre, à la mort, mais avec un surfis à l'exécution jusque l'appel au Peuple, et cela, je le repète, après avoir été *„tous d'avis unanime: que leur Roi étoit cou-* *„pable de haute trahison.“* — Ce premier jugement unanime rendu par vos vainqueurs de Marathon, les juge et déclare *eux mêmes coupables de haute trahison,* et doit un jour envoyer au supplice ceux, qui pourroient échapper à la guillotine de leurs autres confrères encore plus scélérats qu'eux. —

Je devrois sans doute finir ici toute espèce de réponse à votre Mémoire, et vous dire comme au commencement de ma lettre? *Vade retro, ex ore tuo te judica.* — Mais il faut achever ma pénible tache. — Voyons la prophétie, que vous faites page 74. *„Les monftres* (dites vous, en parlant de vos anciens confrères, les Jacobins) *„ont tué Louis* *„XVI. mais ils ont rétabli le Roi, ils en au-* *„ront un, quelqu'il foit, et cette même Nation*

„verſatile livrera ou maſſacrera elle même
„ces juges iniques. En paſſant d'une extrêmité
„à l'autre, elle adoptera de nouveaux Rois;
„tout ce qui a été fait de raiſonnable pendant
„trois ans, ſera perdu pour la liberté, et la
„France préſentera une Monarchie couverte
„de honte et de crimes ruinée et demembrée,
„dans laquelle le plus dur deſpotiſme com-
„battra la deſtructive anarchie, longtems
„avant de faire régner les loix, qui ne ſeront
„pas alors dictées par le Peuple."

Oui ſans doute, les loix ne ſeront jamais
dictées par le Peuple, et cela pour ſon propre bonheur. L'expérience a fait voir dans
tout l'Univers, que preſque jamais il n'en a
dicté dans aucun pays, et que le peu d'oc-
caſions où il a eſſayé d'en dicter, ont cauſé
ſa ruine, la perte de ſa tranquillité et même
de ſa liberté bien entendue.

Paſſons à votre page 122. „Le Roi d'E-
„ſpagne (dites vous) fit remettre à la Conven-
„tion une adreſſe par ſon Conſeil, par laquelle
„adreſſe il s'engageoit de reſter neutre, ſi on

„*vouloit sauver la vie de l'infortuné Louis.* —"
Mais vous, qui êtes plus au fait qu'un autre
de la vérité, pourquoi dites vous le contraire de ce que vous sçavés? pourquoi avoir
la mauvaise foi de rendre un compte infidèle
de ce qui s'est passé au moment où le rési-
dent d'Espagne, craignant pour les jours du
Roi, *crût pouvoir et devoir prendre sur lui* de
déclarer à la Convention, que si elle vouloit sauver la vie du Roi, sa Cour resteroit
neutre; mais vous le sçavés, jamais le Roi
d'Espagne n'a eu la bassesse d'envoyer une
adresse à la Convention nationale, que ni
lui, ni aucune Puissance n'ont jamais recon-
nue. La preuve de ce que je dis, et vous
le savés encore, se trouve dans les archives
de la Convention, au procès verbal de ce
jour, où il fut expressément remarqué et
convenu, qu'il falloit passer à l'ordre du
jour, sur la représentation du Conseil d'E-
spagne, parce qu'il ne parloit „*qu'en son nom,*
et n'étoit point autorisé par sa cour —" mais
je vais vous dire, moi, et apprendre à nos
lecteurs communs, pourquoi vous rendés ce
compte infidèle; c'est pour avoir occasion

d'ajouter tout de suite, très méchamment et très indécemment, la phrase suivante — „cette „démarche fait honneur au Monarque Espagnol, „pourquoi les Princes françois n'en ont ils pas „fait autant ? — "

Apprenés, mauvais françois que vous êtes, pourquoi les Bourbons émigrés, ces Princes vraiment françois & dignes de ce nom, autrefois si respecté et si respectable, n'ont pas fait, ce que vous leur reprochés de n'avoir pas fait. —

1o. Leur démarche n'auroit servi de rien, ils se seroient deshonorés *gratuitement* à leurs yeux et aux yeux des Nobles émigrés, ainsi qu'à ceux des Puissances belligérantes, enfin à ceux de la posterité; le sort du Roi étoi décidé par l'avis unanime de la Convention,t y compris vos 310. protégés, qui déclaroit le Souverain coupable de haute trahison. —

2o. Les Princes françois auroient pû sans doute et auroient voulu chacun d'eux sacrifier leur vie, pour sauver celle de leur Roi, frère ou cousin — mais pouvoient ils ? devoient ils sacrifier la vie politique de l'état, *la Royauté, la Monarchie*, pour sauver la vie physique de l'infortuné Louis ? pouvoient ils, devoient ils, quand même ils auroient été sûrs de réussir, consentir à connoître la république de France, et par conséquent le bouleversement de la Monarchie, même pour sauver la vie du Roi ? Non, sans doute, je ne craindrai pas de soutenir ma proposition, même devant mon ancien Souverain, s'il revenoit au monde, par la raison, que je suis royaliste.

En effet, s'il est vrai de dire, comme j'en suis convaincu, que la Royauté n'appartenoit pas au Roi en propriété ; si d'après les loix constitutives et antiques de la Monarchie, il ne pouvoit pas en disposer en faveur d'un autre Prince, que l'héritier présomptif de la couronne ; s'il ne pouvoit pas non plus la demembrer en l'avilissant, et la rendant impuissante ; si cette Royauté ne devoit pas enfin être regardée par le Roi lui même, uniquement comme un dépot, comme un usufruit, qu'il devoit remettre à ceux de fon fang dans toute fa pureté, à plus forte raifon les Princes du fang françois, grevés de cette „*fubftitution antiquement, et perpétuelle-*„*ment royale, n'avoient pas le droit, le pou-*„*voir, l'autorité de la démembrer, en recon-*„*noiffant la république des factieux, même*„*pour fauver la vie du Monarque. —* „

Cette fubftitution appartient au corps moral et politique de l'état, aux trois ordres, qui l'ont toujours compofé, et toute reconnoiffance, même volontaire & libre, foit de la part du Roi lui même, foit de la part des Princes du fang françois, d'une République, feroit nulle de toute nullité; chaque François collectivement, ou individuellement auroit été en droit de protefter par fa fignature, & enfuite par fon épée, contre une pareille félonie à l'ancienne Conftitution monarchique.

Voila pourquoi les Princes françois, tout en verfant des larmes de fang fur le fort de leur infortuné Souverain, font reftés dans le filence, ils n'ont eu, et ne doivent encore avoir confiance que dans la bonté et la juftice divine, 'dans le secours de leurs généreux Alliés, dans le devouement des Nobles émigrés, vraiment royalistes, qui les entourent, enfin dans le retour à la raison & à l'ordre, et au bonheur bien entendu du Peuple françois, si cruellement *démagogué* par vous & vos pareils depuis 1789. —

Enfin vous finissés votre prémier volume par dire page 147. „*que la Constitution* (que vous aimés tant) „*étoit imparfaite, mais fort* „*belle, que tous les Peuples de la terre l'ont* „*admirée et ensuite envièe.*" Il ne vous manquoit plus que d'avoir la folie d'Anacharsis Clooz, ce jacobin si guillotinable, & qui a été enfin guillotiné; mais à cet égard, je crois que vous n'avés pas plus *consulté* tous les Peuples de la terre, pour savoir s'ils ont admiré & ensuite envié cette Constitution, que vous n'aviés *consulté* les émigrés, que vous avés dit plus haut avoir rencontré par tout si déraisonnables & si acharnés contre vous; en effet, si vous faites jamais une nouvelle édition de vos Mémoires, je vous somme, ou plûtot je vous défie de nommer un seul vrai Royaliste que vous ayés rapproché.

Quant à votre second volume — l'amour propre, l'orgueil & la forfanterie l'ont dicté alternativement ; je n'ai pas envie de vous suivre dans vos plans de campagne, ni vos marches militaires. Comparés vous tantôt à Fabius & tantôt à César, comme vous faites perpétuellement, peu nous importe, chaque sot a son orgueil, & chaque orgueilleux a sa folie ; mais je m'attendois en ouvrant ce second volume, que vous auriés rendu un service signalé à la Nation françoise, à tous les Peuples, à l'histoire, à la posterité, en devoilant les mystères d'iniquités des Jacobins, dont vous étiés mieux instruit qu'un autre, soit dans le tems que vous y avés cooperé, soit dans celui, où votre politique vous a dicté de les abjurer. Alors vos Mémoires auroient été vraiment curieux, intéressans, utiles même, nous aurions sû la vérité sur les journées de 14. Juillet 1789. 5. Octobre 1789. 21. Juin 1791. 12. Août, & 2. Septembre 1792. enfin sur l'époque,

où Mr. le Duc de Brunswik a ordonné sa re-
traite inopinée de Champagne. —

Au surplus ouvrons donc, puisqu'il le
faut, ce second volume — vous vous vantés
à la page 2. „*d'avoir sauvé, en Champagne,*
„*la France* (alors républicaine) *et de l'avoir*
„*illustrée dans les plaines de la Belgique.* — „

A cet égard tous les régicides républi-
cains vous ont rendu ces deux hommages,
contentés vous en; mais n'en exigés pas de
la part des émigrés, ni de la saine partie
de la Nation. —

Vous dites page 21, que „*vous promettés*
„*de bien servir votre patrie, si jamais elle a*
„*un Roi constitutionel,*" & ensuite vous dites
à ce sujet, page 237. après avoir bien prononcé tous vos principes constitutionels, que
„*vous préférerés la vie errante, la proscription,*
„*la misère, l'exil, à votre rétablissement dans*
„*votre patrie, s'il doit être racheté par le sa-*
„*crifice de vos principes.* " —

Ainſi donc, après avoir prononcé vous même votre jugement dans tous les articles,
que je vous ai remis ſous les yeux dans le
corps de ma lettre, vous prononcés par celui-
ci le genre de votre condamnation. Soyés
donc errant, proſcrit! il eſt vrai, que vous ne
ſerés pas dans la miſère (grace à votre pruden-
ce révolutionnaire) il n'eſt pas un ſeul bon françois, qui aille vous troubler dans le local,
que vous aurés choiſi & où quelque gou-
vernement bien indulgent voudra vous ſouffrir;
mais ne revenés jamais en France, nous com-
p ons ſur votre parole — ſi non, nous vous
donnons la notre, de ne pas vous y recevoir.

Vous dites page 226. de ce ſecond volume „*que la révolution ſi néceſſaire auroit*
„*été conſommée ſans crime, ſi les ſuggeſtions*
„*étrangéres, et l'appui donné aux émigrés, n'a-*
„*voient pas irrité une nation auſſi impétueuſe.*

Ah, Jacobin, indigne même de l'être,
car vous n'en avés pas même la ſcélérate
loyauté, (s'il eſt permis de parler ainſi) je
veux bien jetter pour un inſtant le voile,

ſans